Erich Kuch · Es blasen die Sauen

Humor und Jagd

ERICH KUCH

Es blasen die Sauen

Eine vergnügliche Bildreportage:
Rund um die Jägersprache

LANDBUCH-VERLAG GMBH · HANNOVER

Schutzumschlag und alle Zeichnungen von Fritz Meinhard

ISBN 3 7842 0226 8
Herstellung und Druck: Landbuch-Verlag GmbH · Hannover
Printed in Germany
1980

Inhalt

Vorwort

Wer kennt sie nicht, unsere schöne bildhafte Jägersprache, oder wer hätte nicht schon von ihr gehört? Von Nichtjägern wird sie fälschlich oft mit „Jägerlatein" gleichgesetzt, eine Bezeichnung für jagdliche Aufschneiderei. Sie hat damit nichts zu tun.

Die Jägersprache ist eine Standessprache, die sich bis in das 12. Jahrhundert zurückverfolgen läßt. Sie entwickelte sich ständig weiter, und besonders das 15. Jahrhundert prägte viele neue Begriffe. Die Jäger des Adels und der Adel selbst machten das jagdliche Handwerk wegen der besonderen Sprache zu einer Art Geheimwissenschaft, wie dies im Mittelalter in den Zünften üblich war.

Eine wissenschaftliche Arbeit weist heute nach, daß in unserem Sprachschatz etwa 12000 jägersprachliche Wörter zu finden sind. Viele dieser Wörter sind den heutigen Jägern nicht mehr geläufig. Bis zu 3000 jagdliche Ausdrücke sind in den verschiedenen Wörterbüchern der Jägerei aufgeführt, aber davon ist nur ein kleiner Teil noch Umgangssprache der Jäger. Trotzdem ist sie auch heute noch als reichste Sondersprache lebendig und wird als guter Brauch weiter gepflegt. Die Jäger benutzen sie mit großer Selbstverständlichkeit. So wie ein Seemann niemals von „links" oder „rechts" spricht, sondern stets von „Backbord" und „Steuerbord", so wird ein Jäger die Ohren oder den Schwanz des Hasen immer als „Löffel" oder „Blume" bezeichnen.

Schon bei diesen Ausdrücken erkennt man, wie ästhetisch und vor allem bildhaft die Jägersprache ist. Oft ergeben sich Doppeldeutigkeiten, die ein Schmunzeln auslösen.

So haben wir uns in der stillen Zeit des Jagdjahres zusammengesetzt und einige dieser Doppelsinnigkeiten „aufgespürt" und ins Bild gesetzt. Wir hoffen auf Heiterkeit und Schmunzeln bei den Lesern und möchten gleichzeitig den Nichtjägern die alte Jägersprache ein wenig näherbringen. Sollten wir den einen oder anderen „verprellt" haben, bitten wir, uns nicht gleich „eins hinter die Löffel zu geben"oder uns gar „mit Hunden zu hetzen".

Die Autoren

Der Auerhahn mit seinen Rosen
(rote Hautwülste über den Augen)
wünscht den Lesern eine vergnügliche Lektüre.

Rauschzeit

Rauschen nennt der Jäger
das Begatten des Schwarzwildes.
Rauschzeit = Begattungszeit.

Im Bett

Das Bett ist die Stelle,
an der ein Stück Schalenwild – abgesehen
vom Schwarzwild – ruht.

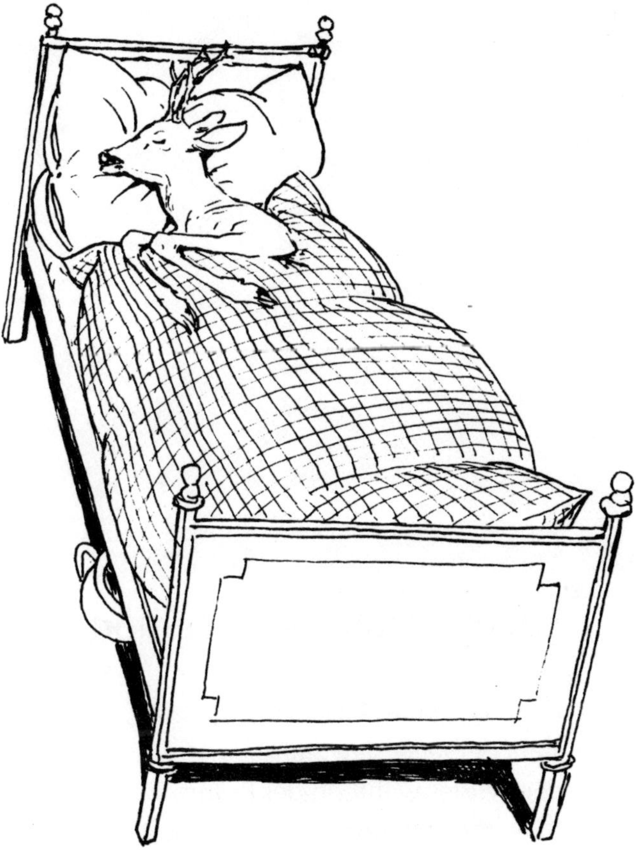

Ein Auerhahn wird verhört

Durch genaues Horchen
stellt der Jäger den Standort
des Wildes während der Brunft-
bzw. Balzzeit fest.
Das Wild wird verhört.

Ein Bohrer

Ein Bohrer ist ein Vorstehhund,
der bei der Suche viel
mit der Nase am Boden stochert
und sie nicht hoch in den Wind nimmt.

Der Hase zeigt die Blume

Der auf der Unterseite
weiße Schwanz von Hase
und Kaninchen heißt Blume.
Ein flüchtender Hase zeigt die Blume.

Der Bock springt aufs Blatt

In der Brunft – Blattzeit –
ahmt der Jäger auf einem Blatt
oder Grashalm den Fiepton
des weiblichen Rehes nach.
Der Bock wird damit angelockt,
er springt aufs Blatt.

Ansprechen

Ein Jäger muß das Wild
in seinem Revier kennen, um – besonders
vor dem Schuß auf Schalenwild –
die richtige Auswahl treffen zu können.
Ein Stück Wild genau erkennen
und beurteilen nennt man ansprechen.

Die Fähe führt die Jungen aus

Junge Füchse und auch Dachse
werden von ihren Eltern fortgetragen
und in Sicherheit gebracht,
wenn der Bau gestört wurde.
Sie werden ausgeführt.

Ein Absprung

Haarwild, besonders Hase und Hirsch,
machen bei einem Widergang
einen plötzlichen Sprung zur Seite,
einen Absprung.

Appell der Hunde

Der Gehorsam der Hunde
wird mit Appell bezeichnet.

Der Dachs fährt aus

Wenn Fuchs, Dachs oder Kaninchen
ihren Bau verlassen,
so fahren sie aus.

RÖHRE 6 F

Anziehen

Ein Vorstehhund, der die Wittrung
von vor ihm liegenden Wild in der Nase hat,
schleicht sich vorsichtig vorwärts.
Man nennt dies Anziehen.

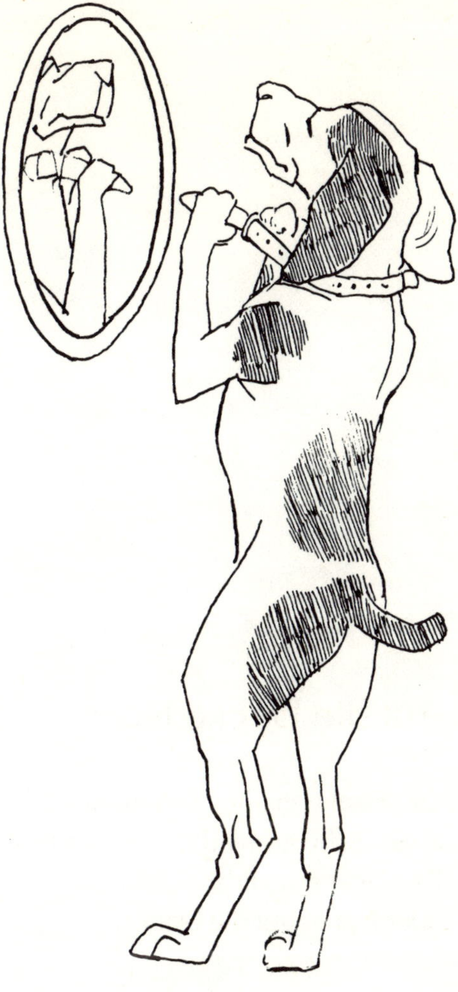

Auf die Decke legen

Die Haut von allen Schalenwild
außer Schwarzwild nennt man Decke.
Der Jäger erlegt das Schalenwild
oder legt es auf die Decke.

In der Burg

Der Bau eines Bibers wird Burg genannt,
wenn er hoch über die
Wasserfläche hinaus aufgebaut wurde.

Der Stammbaum des Hundes

Der Stammbaum oder besser
die Ahnentafel des Hundes gibt Nachweis
über die Abstammung von
rassereinen Eltern und Voreltern.

Das Geläut

Mit Geläut bezeichnet man das Bellen mehrerer Hunde im Zusammenklang, wenn sie gemeinsam auf einer Fährte oder Spur jagen.

Die Himmelsziege

Scherzhafte Bezeichnung für
die Bekassine wegen des
meckernden Geräusches,
das das Männchen beim Balzflug
mit den Stoßfedern verursacht.

Im Jagdschirm

Einen künstlich geschaffenen Sichtschutz
zu ebener Erde, hinter dem sich ein
ansitzender Jäger verbergen kann,
nennt man Schirm.

Ein Hosenflicker

Die scherzhafte Bezeichnung für einen zwei- bis dreijährigen Keiler.

Ein Bartgams

In der Brunft trägt der Gamsbock den schönsten „Bart", das sind die längeren Haare auf dem Rücken. Zu dieser Zeit wird er Bartgams genannt.

Das Morgengebet

Bei Sonnenaufgang legen die Birkhähne
plötzlich eine Pause im Balzen ein,
sie halten ihr Morgengebet.

Dem Bock
wird die Kugel angetragen

Antragen = Einen Schuß auf ein Stück Wild abgeben.

Ein Panzerschwein

Bei starkem Schwarzwild entwickelt sich auf den Blättern der Schwarte (Haut) eine knorpelige Verdickung, die man zusammen mit der Kruste von Borsten, Lehm und Harz Panzer nennt.

Der Rorthirsch orgelt

Das Schreien der Rothirsche in der Brunft
bezeichnet man mit Orgeln oder Röhren.

Gut geperlt

Perlen sind kleine kornähnliche Erhebungen an Gehörn- oder Geweihstangen. Man sagt, „ein Gehörn ist gut oder schlecht geperlt".

Der Dachs schlägt den Hund

Dachse sind recht wehrhaft. Wenn ein
Erdhund dem Dachs im Bau zu nahe kommt,
wehrt sich Meister Grimbart
und schlägt den Hund.

Gesattelt

Sattel oder auch Schabracke nennt man die beiden großen hellen Flecke auf den Flanken des Muffelwidders. Sie sehen tatsächlich einem Sattel nicht unähnlich.

Ein Löffelmann

Unser Hase ist mit vielen scherzhaften
Bezeichnungen bedacht worden;
eine davon ist Löffelmann.

Ein Schneckenträger

Den Kopfschmuck des Muffelwidders,
die im Bogen wachsenden Hörner,
nennt man Schnecke.

Ein Perückenbock

Eine Perücke ist eine krankhafte Wucherung
des Gehörns, die durch Verletzung
des Kurzwildbrets hervorgerufen wird.

Kirchgang

So nennt der Jäger das Einziehen
des Hirsches vom Feld zurück zum Holz.

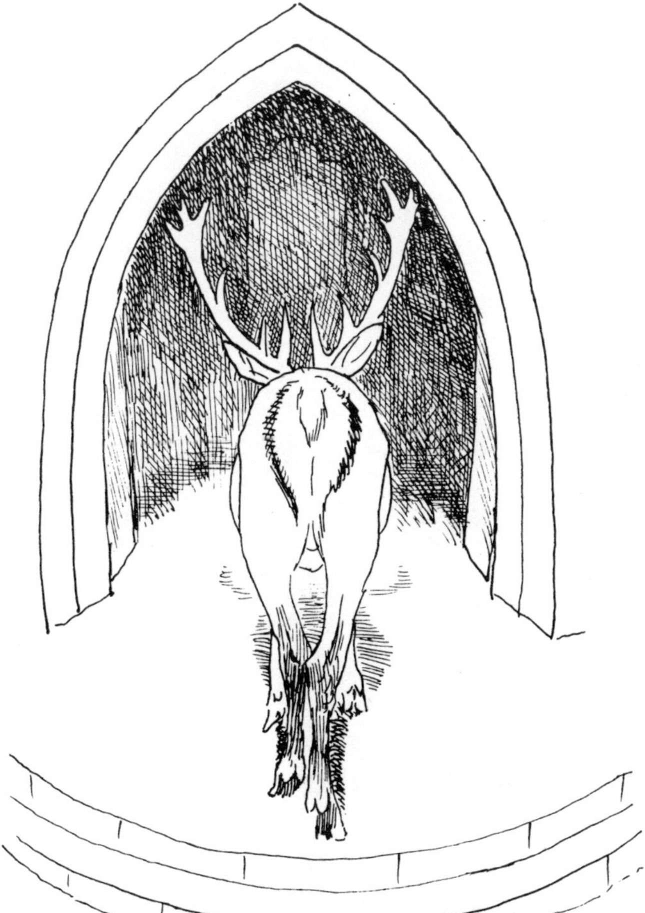

Ein Schaufler

Ältere Damhirsche – auch Elche –,
deren Geweih sich zu breiten „Schaufeln"
entwickelt hat, nennt man Schaufler.

Es blasen die Sauen

Sauen blasen, wenn sie beim Erschrecken ein schnaubendes Geräusch von sich geben.

Der Bock zeichnet

Unter Zeichnen versteht man die Reaktion des Wildes auf den Schuß, z. B. Ausschlagen mit den Hinterläufen, gekrümmter Rücken u. a. Schalenwild zeichnet je nach dem Sitz der Kugel unterschiedlich.

Der Keiler wetzt

Ein wütender Keiler schlägt das Gewaff,
seine Zähne, zusammen, er wetzt.

Eine Schweißarbeit

Mit Schweiß bezeichnet der Jäger das Blut bei allem Wild. Ein Hund wird zur Schweißarbeit eingesetzt, wenn man mit ihm ein beschossenes Stück Schalenwild auf der Schweißfährte nachsucht.

Es trommelt im Wald

Das schnelle Schlagen mit den Vorderläufen auf den Boden nennt man Trommeln.

Der Bock schiebt sein Gehörn

In der Jägersprache wächst ein Gehörn
oder Geweih nicht, sondern man sagt,
der Bock schiebt sein Gehörn oder Geweih.

Ein Waschbär

Der Waschbär ist ein aus Nordamerika stammender nachtaktiver Kleinbär. Er wurde in Deutschland ausgesetzt, entwich auch aus Pelztierfarmen und hat sich stark vermehrt.

Der Hund schneidet an

Totes Wild wird von Raubwild angefressen, angeschnitten. Beim Jagdhund spricht man von Anschneiden, wenn er geschossenes Wild, anstatt es zu bringen oder zu verbellen, anfrißt.

Die Enten klingeln

Enten verursachen mit ihren Schwingen im Flug ein deutlich hörbares Geräusch. Man nennt es Klingeln.

Der Fuchs spielt mit der Lunte

Den Schwanz beim Fuchs – auch Marder – nennt der Jäger Lunte.

Der Hund trägt eine Fahne

Mit Fahne bezeichnet man die langen Haare an der Rute (dem Schwanz) langhaariger Hunde.

Der Marder nagelt

Nageln nennt man das Abdrücken
der Zehennägel in der Spur.
Auch Füchse nageln, Katzen dagegen nicht.

Eine Balzarie

Bei der Balz läßt der Auerhahn eine Reihe verschiedener Laute erklingen, er knappt, schnalzt, glöckelt, schleift usw.
Alles zusammen bezeichnet der Jäger als Balzarie.

Das Eichhörnchen holzt ab

Das Herabklettern oder -springen
von einem Baum nennt man bei Wildkatze,
Marder und Eichhörnchen Abholzen.

Der Dachs sitzt im Kessel

Der Kessel ist der Wohnraum im Dachsbau.
Dachse verwenden viel Sorgfalt
bei der Instandhaltung ihres Baues
und polstern den Kessel sorgfältig mit Moos,
Laub oder Heu aus.

Der Gamshüter

Der im Gebirge einfallende Nebel schützt das Gamswild vor Nachstellungen durch Jäger. Die Bezeichnung Gamshüter für den Nebel ist daher sehr treffend.

Ein Überläufer

Ein Überläufer ist ein einjähriges, also im 2. Lebensjahr stehendes Stück Schwarzwild.

DUANE
DUANE

Er trägt einen Hasenbart

Nicht nur der Gamsbock liefert einen Schmuck für den Jägerhut, neben Schwarzwild und Hirsch auch der Hase.
Ein Hasenbart wird aus den längsten Barthaaren gefertigt.

Das Reh zeigt seinen Spiegel

Reh-, Rot- und Damwild haben einen weißen bzw. helleren Fleck um das Waidloch, man nennt ihn Spiegel.

Der Träger
von Tellern und Schüsseln

Die Ohren vom Schwarzwild heißen in der Jägersprache Teller oder auch Schüsseln, obwohl sie nicht kreisrund sind.

Der Birkhahn rodelt

Wie der Auerhahn hat auch der Birkhahn verschiedene Lautäußerungen in seiner Balzarie. Nach dem zischenden Fauchen oder Blasen erklingt das Kullern oder Rodeln.

Ein Jäger mit Büchse

Eine Büchse ist ein Gewehr
mit gezogenem Lauf, aus dem mit der Kugel
(nicht Schrot) geschossen wird.

COLA

Wildfolge

Jedes Revier hat seine Grenzen, über die der Jäger nicht hinausgehen darf. Beschossenes Wild, das über die Grenze flüchtet, darf der Jäger nur dann verfolgen, wenn er Wildfolge mit dem Nachbarn vereinbart hat.

Blattschuß

Als Blatt bezeichnet der Jäger nicht nur die Stelle beim Schalenwild, wo exakt das Schulterblatt sitzt, sondern einen größeren vorderen Rumpfteil. Der waidgerechte Schuß ist der Schuß aufs Blatt, der Blattschuß.

Ein Küchenhase

Einzelne Hasen, die auf dem Anstand oder auf der Suche als Braten für die Küche geschossen werden – also nicht auf Treibjagden – nennt man Küchenhasen.

Ein Hirschfänger

Der Hirschfänger ist ein großes Waidmesser. Es wird zum Abfangen (Töten durch einen Stich an bestimmter Stelle) von Hochwild benutzt, wenn (selten) ein weiterer Schuß nicht angebracht werden kann.

Ein Hexenring

In der Brunft treibt der Rehbock die Ricke
in einem engen Kreis herum. Diesen
auf dem Boden sichtbaren Kreis
nennt der Jäger Hexenring.